Zum Geleit

Jeder kennt den Kölner Dom, der als UNESCO-Weltkulturerbe geschützt wird. Viele kennen die beeindruckenden romanischen Kirchen in Köln, von denen es zwölf große und 13 kleine gibt. Sie erhalten besondere Aufmerksamkeit, seitdem der Förderverein Romanische Kirchen Köln e. V. 1981 gegründet wurde.

Doch weist Köln eine weitere erhebliche Anzahl bedeutender Sakralbauten auf, die bisher ein mehr oder weniger unbeachtetes Dasein fristen. Von ihnen befinden sich so viele in unserem Stadtbezirk Lindenthal, dass sie immerhin in zwei Ausgaben der neuen Reihe über diese Bauten beschrieben werden. Erwähnt werden nicht nur Kirchenbauten aus mehreren Jahrhunderten, beginnend mit dem „Krieler Dömchen" aus dem 10.–13. Jahrhundert bis hin zum Umbau der Evangelischen Universitätskapelle im Jahr 1998. Hingewiesen wird auch auf den Geusenfriedhof sowie die Trauerhalle auf Melaten, die Fritz Schaller in den 1950er-Jahren entworfen hat.

Mit diesem Kunstführer wird also dankenswerterweise ein Schatz gehoben, der vielen von uns bisher nicht so bewusst war. Wir sind eingeladen, uns persönlich ein Bild von den Gebäuden zu machen, die Architektur dieser Bauten auf uns wirken zu lassen und die Entwicklung der Architektur nachzuvollziehen. Ich wünsche dieser Schriftenreihe den ihr gebührenden Erfolg, viel Vergnügen beim Erkunden der beschriebenen Bauten, und ich danke der Initiatorin, Frau Prof. Dr. Hiltrud Kier, für ihr Engagement.

Cornelia Weitekamp
Bezirksbürgermeisterin

Moderne Sakralbauten in Köln-Lindenthal

Geschichte

In Köln ist die römische Gründung der Stadt so sehr im allgemeinen Bewusstsein, dass sehr viel ältere Spuren von Besiedlung gar nicht so präsent sind. Dabei haben Menschen hier bereits in vorgeschichtlicher Zeit gelebt und sogar ihre Geräte künstlerisch gestaltet. 1929 wurde zwischen Hohenlind und Stüttgenweg ein ganzes Dorf aus dem 5./4. Jahrtausend vor Christus ausgegraben, dessen Bewohner bereits verzierte Tongefäße herstellen konnten, die als „Linienbandkeramische Kultur" bezeichnet werden und sich heute im Römisch-Germanischen Museum befinden.

„Krieler Dömchen", 10.–13. Jh.

In römischer Zeit gehörte das Gebiet zum „Speckgürtel" der Colonia Claudia Ara Agrippinensium (CCAA) mit Hofanlagen („villae rusticae") für die landwirtschaftliche Nutzung sowie Ziegeleien für die Bauwirtschaft. An den Ausfallstraßen fanden auch hier Beerdigungen statt, wie u. a. Sarkophagfunde an der Bachemer Straße zeigen. Im Mittelalter hatten die Kölner Stifte und Klöster hier ihre Besitzungen. So gehörten unter anderem der Krieler Hof und das Hofgut Kriel zu St. Gereon sowie in Lind der Kleinjohanns- oder Kleinshof zu St. Cäcilien, der Platzhof zum Gertruden- und der Mönchhof zum Antoniterkloster, in

St. Stephan, 1884–87

dessen Besitz sich auch das Hofgut Tönnishäuschen (ab 1816 Lindenburg genannt) befand.

Aus der Zeit, als das Gebiet wohl noch umfangreiche Wälder hatte, gibt es eine Legende, die politisch für Köln besonders bedeutend ist. Kaiser Karl der Große, der eines Tages in dieser Gegend jagte, besuchte in der Krieler Kirche (Alt-St. Stephan) die Messe. Als er dem Priester ein Goldstück geben wollte, wies dieser es zurück und bat stattdessen um das Fell eines erlegten Tieres, um seinem Messbuch einen neuen Einband fertigen zu können. Als bald darauf, 787, in Köln ein neuer Bischof ernannt werden sollte und unter all den Bewerbern keiner geeignet schien, erinnerte sich Kaiser Karl des bescheidenen und offensichtlich unbestechlichen Priesters Hildebold in der Dorfkirche, sorgte für seine Ernennung als Nachfolger und erhob mit ihm Köln 799 zum Erzbistum.

Der Name „Krieler Dömchen" mag von dieser Legende abgeleitet sein. Auf jeden Fall aber war diese Kirche der Pfarrmittelpunkt für ein großes Territorium, das nicht nur das heutige Lindenthal umfasste, sondern bis Sülz und Klettenberg reichte. An der Aachener Straße lag das Leprosenheim Melaten mit der gotischen Kirche St. Maria Magdalena und Lazarus und im Weyertal der „Geusenfriedhof", der 1576 als evangelischer Friedhof vor allem für die niederländischen Protestanten (sog. Geusen) angelegt und bis 1829 belegt wurde.

Die Säkularisation von 1802 beendete auch hier die jahrhundertelang unverändert gebliebene Situation. Anstelle des Leprosenheims wurde

1810 der Friedhof Melaten angelegt, auf dem die gotische Kirche noch vorhanden ist, und auf dem Gelände des Landgutes Tönnishäuschen/Lindenburg entstanden in der Folge die Krankenanstalten/Universitätskliniken. Die landwirtschaftlichen Besitztümer der Stifte und Klöster kamen überwiegend in Privathand. So erwarb der Kölner Bankier Johann Heinrich Stein unter anderem den Mönchhof und den Platzhof. Er fasste die Höfe zum Rittergut Hohenlind zusammen, das er 1927 an die Caritas verkaufte, die hier das Krankenhaus Hohenlind mit der Kirche St. Elisabeth baute.

1843 gründeten die Kölner Bürger Thelen und Fühling eine in der Folge als Villenviertel beliebte „Wohnkolonie" an der Dürener Straße auf dem Gelände zwischen der (heutigen) Falkenburgstraße, Theresienstraße, Herderstraße und Dürener Straße mit der Bachemer Straße im Zentrum. Als Namen des neuen Wohnortes wählten sie Lindenthal – das Tal zwischen Linderhöhe und Hohenlind. Die Dürener Straße war zwar mit Linden bepflanzt, der Name Lind aber hat seinen Ursprung in Lint, was so viel wie trockenes Ackerland bedeutet. 1884–87 wurde im neuen Wohngebiet die große neugotische Kirche (Neu-)St. Stephan an der Bachemer Straße gebaut.

Die Eingemeindung nach Köln 1888 beflügelte die weitere Entwicklung mit Wohngebieten und mit der Anlage des Stadtwaldes 1895–98 durch den Kölner Gartenarchitekten Adolf Kowallek, insbesondere aber seit den 1930er-Jahren mit der Ansiedlung der Universität. Bereits 1900–1901 war die evangelische Kirche in städtebaulich exponierter Stellung an der Kreuzung von Gleueler Straße und damals angelegtem Lindenthalgürtel in neuromanischen Formen gebaut worden. 1930–1932 folgte mit der Krankenhauskirche St. Elisabeth in Hohenlind von Dominikus Böhm der erste der bedeutenden modernen Sakralbauten, die nach dem Zweiten Weltkrieg in so beeindruckender Fülle einen besonderen Schwerpunkt in Lindenthal bilden.

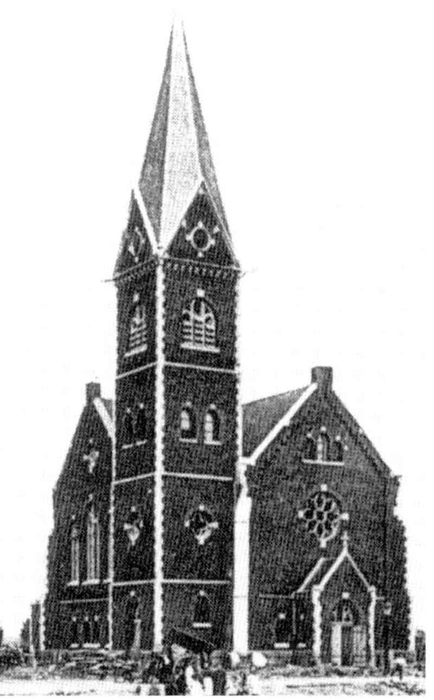
Evangelische „Rote Kirche", 1900–01

St. Elisabeth Hohenlind

1930–32 | Dominikus Böhm

Zu den Wegbereitern der nach dem Ersten Weltkrieg in der katholischen Kirche einsetzenden Diskussion um die liturgische Bewegung, die 1964 im Zweiten Vatikanischen Konzil ihre offizielle Bestätigung und Würdigung fand, gehörte Prälat Johannes van Acken (1879–1937). Sehr früh hatte er Kontakt zu den Architekten Rudolf Schwarz (1897–1961) und Dominikus Böhm (1880–1955). Als van Acken als Caritas-Direktor Bauherr des großen Krankenhauses St. Elisabeth in Hohenlind wurde, konnte er die seinerzeit theoretisch angedachten Maximen in die Praxis umsetzen. Während der ausgedehnte und breitgelagerte Krankenhauskomplex, dem auch das zentrale deutsche Caritas-Institut angeschlossen war, nach Plänen der Architekten Tietmann und Haake errichtet wurde, war Dominikus Böhm ausführender Preisträger des gleichzeitig entstehenden Sakralbaus.

Die Kirche St. Elisabeth ist im Gesamtgefüge der weitläufigen Anlage im Zentrum am Schnittpunkt von Krankenhaus und Internat in ausgesprochen dominanter Stellung und im rechten Winkel vorspringend geplant. Diesen exponierten Standort betonte Dominikus Böhm mit dem schiffsbugartig vorgeschobenen und gestaffelten Baukörper, der in der Vertikalen der dominanten Apsis gipfelt. Die Ausführung sämtlicher Fassaden mit Backstein verbindet den Profanbereich mit dem Sakralbau, der durch die betonte Vertikale der Kirchenfenster den unterschiedlichen Gebäudegehalt aber unmittelbar evident macht. Zusätzlich springt die auffallende Größe dieser Krankenhauskirche ins Auge. Sie erklärt sich aus der umfassend gedachten Nutzung für die Kranken, die Schwestern der Anstalt und des Instituts sowie für die gesamte Nachbarschaft.

Der Innenraum ist ein langgezogener, flachgedeckter Kastenraum mit Emporen an den Längsseiten und an der rückwärtigen Wand. Auf den stark erhöhten Chor läuft in ganzer Breite eine Treppe zu, über der der seit der Erbauungszeit freistehende Zelebrationsaltar ist. Mit seiner Programmschrift von 1922, betitelt „Christozentrische Kirchenkunst", hatte sich Johannes van Acken bereits für die Stellung des Altars im Mittelpunkt der Gemeinde eingesetzt. So erscheint es nur konsequent, dass er sie

Innenraum Richtung Chor mit Apsis-Ausmalung von Peter Hecker

Die Emporen haben einen direkten Zugang von den Krankenstationen

in diesem von ihm intensiv betreuten Kirchenbau verwirklichte – lange, ehe das Konzil dies 1964 empfahl.

Im Rund der Apsis von St. Elisabeth waren die Sitzplätze der Schwestern vorgesehen, im abgesenkten Mittelschiff ist der Platz für die gesunden Kirchenbesuchenden, und die Emporen sind den Kranken vorbehalten, die direkt von den einzelnen Abteilungen Zugang zur Kirche haben. Dabei sind die beiden seitlichen Emporen mit ihrer großen Breite für das Hereinrollen von Krankenbetten mit Bettlägerigen zum Gottesdienst vorgesehen. In dieser die Seele von kranken Menschen bedenkenden Anordnung ist ein Rest mittelalterlicher Krankenhaus-Kultur ins 20. Jahrhundert überkommen. Die seitliche, indirekte Beleuchtung des Chorraumes bei geschlossener Altarwand ist eines der besonderen Kennzeichen der neuen Kirchenarchitektur seit den 1920er-Jahren.

Der Zweite Weltkrieg brachte auch diesem Bau Schäden, deren Behebung zwar keine grundsätzliche Veränderung der Struktur des Raumes brachte, aber vor allem die Farbwerte veränderte. Die einst mit schwarzem Marmor verkleideten Pfeiler und die ebenso gestalteten Seitenwände des Mittelschiffes wurden aufgehellt. Die Apsis ziert seit 1949/50 die monumentale Darstellung des Jüngsten Gerichtes von Peter Hecker (1884–1971).

Der schiffsbugartig vorspringende Chor

❷ St. Albertus Magnus

1950–51 | Otto Bongartz

Außenansicht der traditionellen Eingangsseite

Die wachsende Bevölkerungszahl im beliebten Vorort Lindenthal machte nach St. Stephan (1884–1887) im Jahre 1938 die Gründung einer weiteren katholischen Kirchengemeinde notwendig. Als Pfarrpatron wurde Albertus Magnus (1200–1280) gewählt, der kurz zuvor, im Jahre 1931, heiliggesprochen worden war. Angesichts seiner ungeheuren Bedeutung für das mittelalterliche Köln erstaunt diese späte Heiligsprechung. Erst nach dem Zweiten Weltkrieg war der Bau der Kirche möglich geworden: 1950/51 entstand der von Otto Bongartz (1895–1970) errichtete Bau aus Trümmerziegelsteinen mit freistehendem Glockenturm.

Der sehr traditionelle Bau ist im Inneren dreischiffig mit offenem Dachstuhl und vermittelt den Eindruck frühchristlicher Basiliken, auch wenn die Rundpfeiler sichtlich aus Beton gefertigt sind. Hauptausstattungsstück ist die Chorausmalung (1962) von Peter Hecker. Dargestellt ist die „Verklärung Christi auf dem Berge Tabor". Den örtlichen Bezug stellte der Maler durch die Wiedergabe Kölner Heiliger her: links die hl. Ursula und rechts die Hl. Drei Könige. Einen aktuellen zeitlichen Bezug vermitteln die Darstellungen des Völklinger Grubenunglücks und der Flutkatastrophe von Hamburg – die beiden verheerenden Ereignisse trugen sich ebenfalls 1962 zu. Vom selben Maler sind auch weitere Bilder sowie der Kreuzweg und das Albertusmosaik in der Vorhalle.

Das Innere Richtung Chor
mit Ausmalung von Peter Hecker

❸ Paul-Gerhardt-Kirche

1951 | Neuaufbau 1994–96 | Umbau Jöhnssen Ranft Lüke

Innenansicht zum Altarraum, noch mit den hellen Bänken

1898 wurde die evangelische Kirchengemeinde Lindenthal aus der Gemeinde Köln ausgepfarrt und bereits 1900–1901 von Arthur Eberhard nach den Plänen von Architekt Hartmann die Kirche gebaut. Ihre städtebaulich exponierte Stellung an der Kreuzung von Gleueler Straße und damals angelegtem Lindenthalgürtel, hier zum Lindenthaler Markt verbreitert, verleiht ihr besondere Wirkung. Sie war ein neuromanischer, kreuzförmiger Zentralbau mit seitlich eingestelltem Turm. Wegen ihrer Backsteinsichtigkeit hieß sie im Volksmund „Rote Kirche". Erst 1951 wurde sie Paul-Gerhardt-Kirche genannt – nach dem bedeutenden evangelischen Theologen und Kirchenlieddichter des 17. Jahrhunderts.

Außenansicht der „Roten Kirche"
(siehe Abb. Seite 5)

Im Zweiten Weltkrieg beschädigt, erfolgte der Wiederaufbau in vereinfachter und die ursprüngliche Kreuz form vernachlässigender Form. Um die unterschiedlichen Bauteile zu vereinheitlichen, erhielt die Kirche insgesamt einen Außenputz, der, wie in den 1950er-Jahren durchaus üblich, hell war. Erst seit der umfassenden Renovierung von 1994–96 durch das Büro Jöhnssen Ranft Lüke hat sie einen roten Anstrich, der den früher vom Volksmund geprägten Namen „Rote Kirche" wieder versinnbildlicht. Das neu gestaltete Innere ist geprägt vom Weiß der Wände und den in Gelbtönen leuchtenden Fenstern. Die Prinzipalstücke (Altar, Taufe, Kanzel) sowie das große, bewusst asymmetrisch aufgehängte Kreuz schuf der Ettlinger Bildhauer Werner Pokorny (1949–2022) 1999–2001. Wie es konfessionsübergreifend inzwischen üblich ist, wurden die (hellen) Bänke gegen (schwarze) Stühle ausgetauscht (2023).

❹ Hauskapelle des Cellitinnenklosters St. Elisabeth

1952–53 | Karl Band

Die seit 1312 in Köln in der Antonsgasse beheimateten Schwestern wurden dort im Zweiten Weltkrieg ausgebombt und wählten danach in Lindenthal einen neuen Bauplatz für ihr Mutterkloster, das in einer großen Grünanlage von Karl Band (1900–1995) 1951–53 in Backstein ausgeführt wurde.

Die Kapelle liegt innerhalb des seitlichen Flügels im ersten Obergeschoss und ist von außen nur durch ihre

Außenansicht der Chorapsis

hohen Fenster und das Vortreten der fensterlosen Apsis zu erkennen. Der schlichte Saalbau ist im Inneren geprägt durch die markant geschwungene dunkle Holzdecke, die dunklen Bänke und den ebenfalls dunklen Schieferboden. Der rückwärtig anschließende Kapitelsaal, über dem die Orgelempore liegt, kann zur Kapelle geöffnet werden. Deren dominanten Sgraffito-Zyklus schuf der Glasmaler Herbert Bienhaus (1906–1960). Zwischen drei schlanken, die rechte Längswand gliedernden Rundstützen ist in neun Szenen das Leben des hl. Augustinus in großformatigen Szenen dargestellt – vom Studenten über die Taufe durch Bischof Ambrosius in Rom und seine darauffolgende Tätigkeit als Priester bis zum Wirken als Bischof. Die Farbgebung ist dem Weiß-Dunkel-Kontrast des Raumes angepasst.

Innenraum Richtung Altar mit dem Sgraffito-Zyklus von Herbert Bienhaus

❺ Trauerhalle Friedhof Melaten

1954–57 | Fritz Schaller

Die alte Trauerhalle von 1881 an der Mittelmagistrale (sog. „Millionenallee" wegen der dort befindlichen prächtigen Grabmäler) wurde über den Haupteingang an der Aachener Straße erschlossen, was nach dem Zweiten Weltkrieg mit den sich verändernden Verkehrsgewohnheiten ungünstig wurde. Außerdem empfand man die historistische Gestaltung des sanierungsbedürftigen Baus mit seinen neuromanischen Formen nicht mehr als zeitgemäß. Daher wurde ein Neubau an der Ostseite des Friedhofs vorgesehen und dazu ein beschränkter Wettbewerb ausgelobt, den Fritz Schaller (1904–2002) für sich mit einem Entwurf entschied, der einen profanen Sakralbau zum Gegenstand hatte, der allerdings Diskussionen mit dem Bauamt auslöste. „Denen war das zu kirchlich. Die wollten lieber so einen Salon haben, wo man sich verabschiedet, so nach der amerikanischen Art. Und da habe ich gesagt: Nein, also – der Tod ist kein Fröhliches. Man muß da einen Raum machen, der kirchliche Würde hat, aber versöhnt. Der also sehr streng, aber nicht so puritanisch ist, daß er niederknüppelt. Er muß in gewisser Weise heiter sein" (Fritz Schaller, zitiert nach Emanuel Gebauer).

Außenansicht, die klar den Bezug zu Schinkel erkennen lässt

Die 1957/58 ausgeführte Trauerhalle wurde genau dieser Bau. Der mit hellen Klinkern verkleidete Saalbau mit flachem Satteldach lässt Fritz Schallers innigen Bezug zu Schinkels Architektur, wie es sein Sohn Christian Schaller wiederholt von ihm vernahm, ganz klar erkennen. Zusätzlich vermitteln die im Inneren zwischen den Gabelpfeilern konkav gestalteten Wandabschnitte jene beabsichtigte schwingende Heiterkeit.

Das Innere mit den zwischen den Gabelpfeilern konkav schwingenden Wandabschnitten

❻ Neuapostolische Kirche

1955

Die Neuapostolische Gemeinde in Lindenthal ist die älteste der Kölner Stadtgemeinden und hatte bereits seit 1921 an der Dürener Straße ihr eigenes Kirchenlokal. Nach dem Zweiten Weltkrieg wurde an der Birresborner Straße ein neuer Kirchenbau errichtet. Der repräsentative Bau, an der Ecke zur Kermeter Straße gelegen, hat über dem Erdgeschoss ein höheres Obergeschoss, das durch die Reihung der hochrechteckigen Fenster als Sakralbau gekennzeichnet ist. Die Eingangsfront ist durch einen vorspringenden Risalit gestaltet, der über einer querrechteckigen Portalzone ebenfalls durch hochrechteckige Fenster wirkt, über denen das giebelförmige Walmdach zurückspringt. An der linken Seite der Eingangswand ist das Kennzeichen der Neuapostolischen Kirche angebracht, deren Name zusätzlich über dem Eingang steht.

Das Innere entsprach ursprünglich in seiner Gestaltung der Schlichtheit der 1950er-Jahre, wurde aber 2011 umgebaut mit neuer Altarfront und neuer Orgel sowie den konfessionsübergreifenden Stühlen anstelle der Kirchenbänke.

Die hochrechteckigen Fenster betonen den Sakralbau

7 St. Stephan

1961 | Joachim und Margot Schürmann

Luftbild des Glaskubus mit freistehendem Turm (siehe Abb. Seite 4)

Als Folge der Gründung der „Wohnkolonie" Lindenthal 1843 auf dem Gelände zwischen Falkenburgstraße, Theresienstraße, Herderstraße und Dürener Straße verlagerte sich nicht nur das allgemeine Wohngebiet des Viertels, sondern die Bevölkerungszahl stieg so sprunghaft an, dass das „Krieler Dömchen" (Alt-St. Stephan) als Pfarrkirche zu klein wurde. Der Bau einer größeren Kirche war daher unumgänglich, ihre Lage im Zentrum der neuen Wohnstraßen, an der Bachemer Straße, verständlich. Die Übernahme des Patroziniums St. Stephan entsprach der allgemein üblichen Praxis. Errichtet wurde 1884–87 eine neugotische Backsteinkirche

Außenansicht des Glaskubus, links der purifizierte Turm des Vorgängerbaus

nach den Plänen von August Lange (1834–1884). Der markante Turm an der Eingangsseite war übereck und als Blickpunkt in die Achse der Wittgensteinstraße gestellt.

Der Zweite Weltkrieg beschädigte die Kirche, aber an einen Wiederaufbau wurde offensichtlich von Beginn an nicht gedacht, denn bereits 1948/49 kaufte der städtische Konservator die Feldbrandsteine der Kirche auf, die u. a. für die Reparatur der Ulrepforte und den Wiederaufbau des Overstolzenhauses Verwendung fanden. Die Bauten des 19. Jh. galten damals (bedauerlicherweise) nicht als erhaltenswert. So wurde der Turm von (Neu-)St. Stephan auch nur erhalten, weil er auf ausdrücklichen

Das Innere Richtung Altar und Bronze-Kruzifixus von Werner Schürmann

Wunsch der kirchlichen Baubehörde stehenbleiben musste.

Architekten des 1961 fertiggestellten Neubaus mit dem purifizierten Turm als freistehendem Campanile sind Joachim (1926–2022) und Margot Schürmann (1924–1998). Diese Kirche steht am Beginn ihrer gemeinsamen Arbeit und enthält alle Elemente, die das Wesen der Architektur dieser sympathischen Perfektionisten ausmacht: Klarheit des Grundrisses und der Form bei gleichzeitiger Vollkommenheit der Ausführung und aller Details. Das Innere ist eine lichte Halle, die durch zwölf schlanke, blattvergoldete Stützen in drei Schiffe unterteilt wird. Die Wände des Glasquaders leben von dem lebendigen Wechsel des Opakglases und der Glasfasergespinst-Scheiben.

Altar und Taufbecken schuf Rudolf Peer, den großen Bronze-Kruzifixus Werner Schürmann – in ihrer gelängten und asketischen Form antwortet die Skulptur in genialer Weise der überaus modernen Architektur seines Bruders und dessen Frau. Der Tabernakel ist ein Werk von Hildegard Domitzlaff. Von der historistischen Ausstattung der alten Kirche wurden lediglich die Figuren der hll. Stephanus und Antonius übernommen sowie die Reliefs der vier Evangelisten.

Innenansicht Richtung Eingangswand mit Orgel

3 St. Laurentius

1961–62 | Emil Steffann

Brunnenhof von Jochem Pechau, die vier Paradiesesflüsse symbolisierend

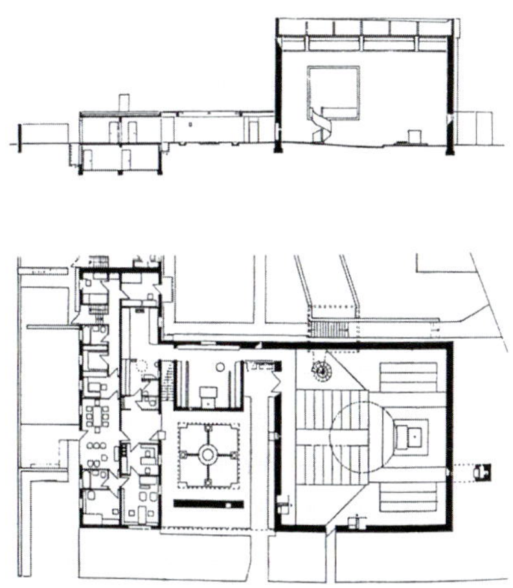

Die bereits 1924 gegründete Pfarre St. Laurentius, die ihre Gottesdienste in der Kapelle des Hildegardis-Krankenhauses feiern musste, erhielt erst 1961/62 ein eigenes Gotteshaus. Architekt ist Emil Steffann (1899–1968), der dem Bau seine sehr persönliche und unverwechselbare Handschrift gab. Ein nach außen völlig geschlossen wirkender Kubus aus Trümmerziegeln, Backsteinen von Ab-

Grundriss und Schnitt

bruchbauten, wird über ein Atrium erschlossen, das als Brunnenhof vom Bildhauer Jochem Pechau gestaltet ist. Die vier Rinnen symbolisieren die vier Paradiesesflüsse, die bei Regen auch durch die vier darüberliegenden Wasserspeier gespeist werden.

Der seitlich gelegene Eingang in den Kirchenraum zeigt unvermittelt und mit Wucht seine dem Außenbau entsprechende kubische Gestalt, die durch die auch hier unverputzten Wände das lebendige Material der Trümmerziegel als besonderes Gestaltungsmerkmal erfahren lässt. Ein sehr schmales Fensterband läuft unter der Flachdecke an drei Seiten des Saalbaus, während an der vierten, völlig geschlossenen Seite der Altar vorgesehen wurde. Dieses die Raumgestalt betonende Lichtband war nicht zur völligen Beleuchtung des Raumes gedacht. Sie erfolgt vielmehr durch einen überdimensionalen und streng auf die Proportion des quadratischen Raumes bezogenen Radleuchter mit 24 Lampen, ausgeführt vom Krefelder Architekten Karl Otto Lüfkens. Die besondere liturgische Bedeutung betont ein kleines Fenster in der Außenwand hinter dem Tabernakel, durch das das ewige Licht auch bei geschlossenem Kirchenraum von außen gesehen werden konnte. Eine weitere liturgische Besonderheit

Außenansicht des Kubus
aus Trümmerziegeln

Der strenge Innenraum wird erhellt durch den großen Radleuchter

besteht darin, dass man die außen befindliche kleine Glocke auch während des Gottesdienstes mit einem Seil nahe des Altars läuten kann. Die kleine quadratische Taufkapelle ist durch einen schmalen Gang mit der Kirche verbunden.

Die noch 1988 von Hanns Josef Schäfer restaurierte Kirche wurde 2019 profaniert und wartet darauf, von der Universität zu Köln, in deren unmittelbarem Bereich sie liegt, als Hörsaal genutzt zu werden – was als Nachnutzung unmittelbar einleuchtet und die besondere Aura des von Emil Steffann mit so viel Innigkeit geschaffenen Saales in angemessener Weise weiterwirken lassen wird.

9 St. Johannes der Täufer, Krankenhauskirche

1962–65 | Gottfried Böhm

Wie eingangs bei der Geschichte von Lindenthal berichtet, entstanden im 19. Jahrhundert an der Stelle des ehemals zum Antoniterkloster gehörigen Hofgutes Tönnishäuschen, das nach der Säkularisation Lindenburg genannt wurde, die Kölner Krankenanstalten und Universitätskliniken, deren vielfältige Neubauten im 20. Jahrhundert dem wechselnden

Außenansicht mit dem schmalen Turm

Das Innere Richtung Altar mit dem farbigen Fensterband

medizinischen Fortschritt angepasst wurden. Um auch den seelisch-geistigen Bedürfnissen der Krankenversorgung einen angemessenen Platz zu geben, wurde der Bau einer Krankenhauskirche beschlossen. Den dafür 1958 ausgelobten Wettbewerb gewann Gottfried Böhm (1920–2021), der den freistehenden Bau mit angeschlossenem Klostergebäude (jetzt Wohnheim) 1962–65 ausführte.

Die an zentraler Stelle des Klinikgeländes gelegene Kirche ist ein über einem kurzen Sockel und Fensterband aufragender geschlossener Betonquader mit Faltdach und markanten Wasserspeiern, der über einen stelenartigen schmalen Glockenturm mit anschließender Vorhalle erschlossen wird. Die Zugänglichkeit für bettlägerige Kranke kann über unterirdische Gänge und einen unter der Orgelempore befindlichen Transportaufzug erfolgen.

Dem äußeren Erscheinungsbild der Kirche entspricht der Innenraum in seiner klaren Form des längsgerichteten Saalbaus mit dem ebenfalls von Böhm entworfenen markanten, starkfarbigen Fensterband, den

Frei im Raum stehende Beichträume als turmartige Betonskulpturen

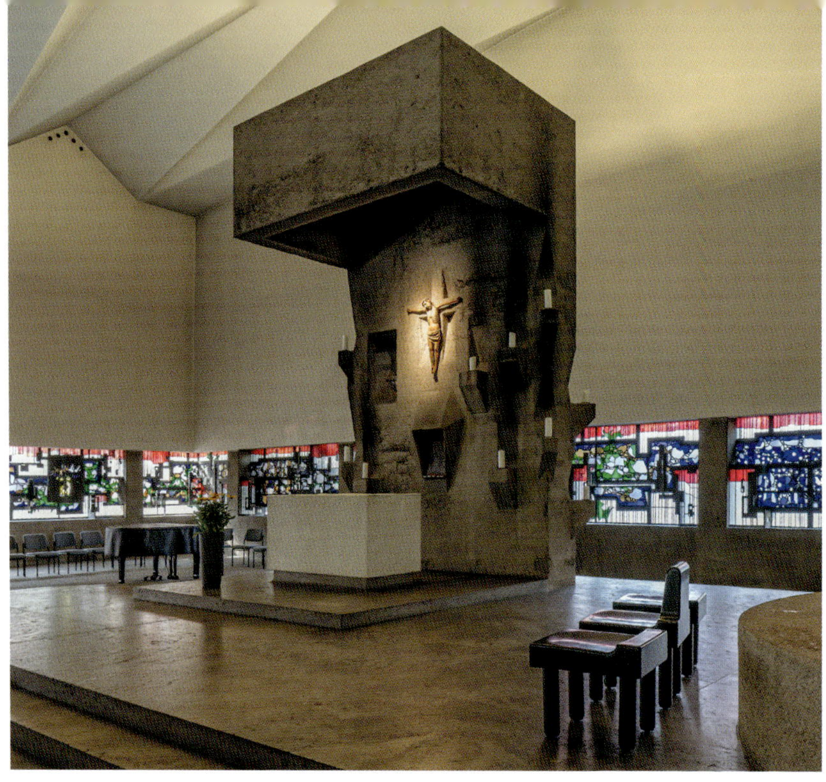

Der in Sichtbeton ausgeführte Baldachin über dem Altar mit dem Kruzifix, um 1410

glatten weißen Wänden und der Faltdecke. Raumbestimmend sind zusätzlich die einheitlich in Sichtbeton ausgeführte Orgelempore, der Baldachin über dem auf Stufenpodest erhöhten Altar, der besonders betonte Tabernakel- und Taufort sowie die beiden frei im Raum stehenden Beichträume, die an mittelalterliche Schuldtürme gemahnen (Helmut Fußbroich) – wie bei Gottfried Böhm durchaus üblich, basieren alle Details auf seinen Entwürfen. Weitere Ausstattungsstücke sind ein hölzernes Kruzifix aus der Zeit um 1410 über dem Altar und eine Pietà in der Marienkapelle.

Ein besonderes Schmuckstück der Gesamtanlage ist das im Innenhof des anschließenden Klosters/Wohngebäudes stehende Kapellchen, ebenfalls aus Sichtbeton – jenem Material, das Gottfried Böhm zu so einzigartiger Qualität erhöhen konnte. Eine umfassende Sanierung 2006/07 sicherte das gesamte Ensemble, dessen Kirche den großen Vorteil hat, täglich geöffnet zu sein und somit als Ort der Stille und des Gebets konstant zur Verfügung zu stehen.

10 St. Thomas Morus

1962–63 | Fritz Schaller

Zu den zahlreichen Neugründungen von Pfarrgemeinden nach dem Zweiten Weltkrieg gehört auch St. Thomas Morus. Bereits 1951 wurde die grundsätzliche Bereitschaft zu ihrer Einrichtung gegeben, da in ihrer Umgebung die Wohnbebauung stark zugenommen hatte, woraus sich eine steigende Zahl von Gemeindemitgliedern ergab. Nach der offiziellen Gründung der Pfarre 1959 erfolgte der Bau der Kirche 1962–63 durch Fritz Schaller, der bereits seit 1957 mit Vorplanungen beauftragt gewesen war.

Hinter einem kleinen Vorplatz entstand ein Backstein-Ensemble von Kirchenbau mit schiefergedecktem Zeltdach und einem sehr hohen, freistehenden Turm mit einem „vom Boden aufsteigenden Falthelm" (Helmut Fußbroich). Zusätzlich erhöht wird er durch ein mächtiges Kreuz mit Evangelistensymbolen, das Werner Schürmann gestaltet hat. Den Turm, in dem

Luftbild von Turm und Kirche, bei der die Trennung in die beiden Räume im Dach klar zu erkennen ist

Außenansicht von Kirche und freistehendem markanten Turm

sich die Marienkapelle mit einer frühgotischen Madonna befindet, und die Kirche verbindet ein schmaler Gang. Dort ist auch die Eingangstür, deren Türgriff von Hein Gernot eine Darstellung von Thomas Morus mit der englischen Tudor-Rose zeigt – der englische Staatsmann und Humanist (1478–1535) wurde 1935 vom Papst heiliggesprochen.

Im Inneren ist der Kirchenraum, der mittels zierlicher, runder Betonstützen an drei Seiten einen Umgang aussondert, durch einen schmalen Betonbalken der Länge nach in zwei Bereiche geteilt: in eine schmalere Werktagskirche mit einem Shed-Satteldach aus Beton und einen breiteren Raum für die größeren Gottesdienste mit einer hohen, zeltförmigen Holzsparrendecke und den markanten Dreiecksfenstern in den Giebeln, die den Bau auch von außen prägen. Deren künstlerische Verglasung mit der Figur des Auferstandenen und der Darstellung des Pfingstfestes schuf Georg Meistermann, von dem auch die kleinen Ornamentscheiben in den Seitenwänden des Umgangs stammen. Altäre, Tabernakel und Taufe fertigte Elmar Hillebrand, das Ewige Licht Theo Heiermann und den Ambo Karl Matthäus Winter. Die Orgel der Firma Klais befindet sich an der Stirnwand der Werktagskirche, die zugleich Sakramentskapelle ist.

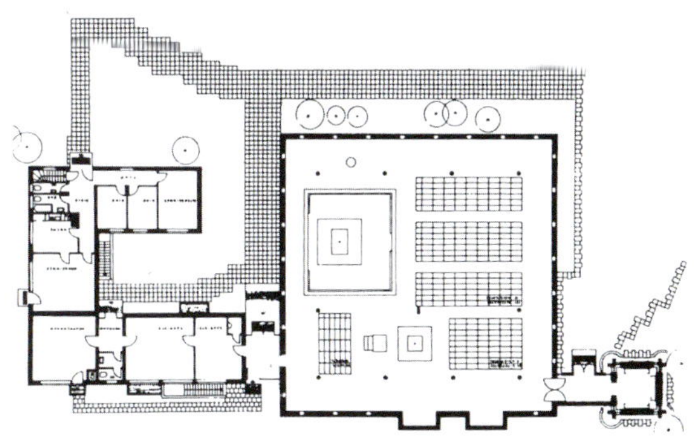

Grundriss

Innenansicht von Werktags- und Sakramentskapelle und seitlicher Blick in den großen Kirchenraum

⓫ Die Kirche vom Guten Hirten, zurzeit Syrisch-Orthodoxe Kirche St. Petrus und Paulus

1962–64 | Fritz Schaller

Ein weiteres „Zelt Gottes" baute Fritz Schaller 1962–64 mit der Klosterkirche vom Guten Hirten. 1835 wurde dieser Frauenorden in Frankreich gegründet. Bestimmt war er für „unglücklich gefallene und gefährdete weibliche Personen", die damals in bürgerlicher Überheblichkeit „Büßerinnen" genannt wurden. Nach der 1852 erfolgten Gründung in Köln wurden zunächst die Klosterbauten errichtet und erst 1882 die neugotische Kirche. Das besondere Merkmal dieser speziellen Klosterkirchen war die den Blickkontakt unterbindende räumliche Trennung von Klosterschwestern, „Büßerinnen" und bürgerlicher Gemeinde mit gemeinsamer Ausrichtung auf den Altar.

Der Zweite Weltkrieg beschädigte das Kloster. Die Klosterbauten wurden zügig wiederaufgebaut, die Klosterkirche aber, deren Neugotik damals grundsätzliche Ablehnung erfuhr, abgebrochen. 1958 begann Fritz Schaller die Planung der neuen Kirche, die zwar nicht mehr die strikte räumliche Trennung der drei Gruppen haben musste, aber doch eigene Abschnitte für Schwestern, Gemeinde und Schutzbedürftige, die jetzt nicht mehr Büßerinnen hießen. So entstand der Grundriss einer ostwestlich ausgerichteten Saalkirche für Schutzbedürftige im Osten, Gemeinde im Westen und mit im rechten Winkel nach Norden angefügtem Schwesternschiff mit darunter befindlicher

Alte Innenansicht mit dem Altar im Zentrum, rechts der Tabernakel

Innenraum Richtung Altarwand der Syrisch-Orthodoxen Kirche

Unterkirche. Alle Teile waren durch die zentrale Stellung von Altar und Tabernakel verbunden.

Die Saalkirche wird im Inneren über schlanken Rundstützen von einem hochaufragenden Zeltdach dominiert, das auch im Äußeren den Bau bestimmt, während sich das schlichte Schwesternschiff durch ein Faltdach mit drei Querstegen mit Giebeln dem Hauptbau auch im Äußeren unterordnet. Karl Matthäus Winter schuf den auf einem Podium platzierten Altar sowie den Tabernakel, der sich genau auf der Grenze zwischen Saalkirche und Schwesternschiff befindet und im Altarraum der Unterkirche geerdet ist.

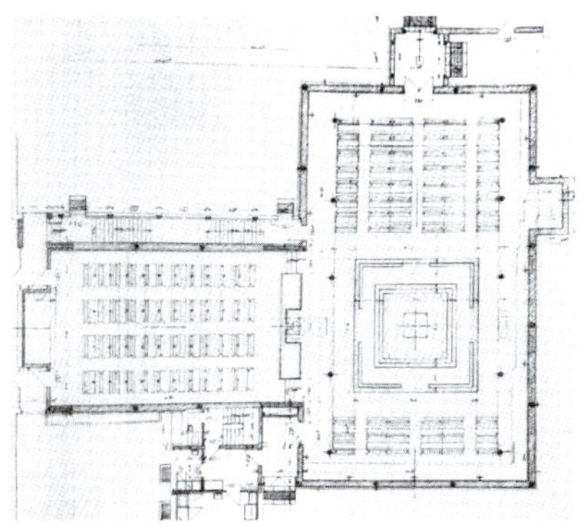

Grundriss mit erkennbarer Dreiteilung für die Gläubigen: links der Schwesternchor, oben die Schutzbedürftigen, unten die Auswärtigen. Der Altar im Zentrum, links davon der Tabernakel

Ein wesentlicher Teil der Ausstattung sind die figürlich gestalteten Fensterbänder von Franz Pauli (Abb. 2. Umschlagseite), in Saalkirche und Schwesternschiff jeweils unter dem Dachansatz umlaufend sowie in etwas großflächiger Form in der Unterkirche und in der Sakristei angebracht.

Die Weihe der Kirche erfolgte am 8. Dezember 1964 auf das Patronat der Schmerzhaften Mutter Maria. Aufgabe des im 19. Jahrhundert gegründeten Ordens war die Aufnahme, Betreuung und Ausbildung von „gefallenen Mädchen". Dabei handelte es sich meist wohl um sexuell ausgebeutete Frauen in Abhängigkeitsverhältnissen, denen die Schwestern Asyl gewährten und eine Ausbildung vermittelten, um sie auf ein selbstbestimmtes Leben vorzubereiten. Gegen Ende des 20. Jahrhunderts war diese Aufgabe aufgrund veränderter Einstellung der Gesellschaft nicht mehr aktuell. Wo nötig, übernahmen Frauenhäuser die neue Aufgabe, misshandelte Frauen zu schützen. Der Orden gab also diesen Standort auf. Die Klosterbauten wurden überwiegend an die Universität zu Köln vermietet.

Die Kirche kam ins Eigentum des Erzbistums und wurde 1991 an die syrisch-orthodoxe Gemeinde vermietet. Im Äußeren blieb der Bau unverändert. Im Inneren ist der Tabernakel am originalen Standort erhalten, nur die Öffnung zwischen Schwesternschiff und Hauptraum wurde geschlossen. Der Hauptaltar wurde im Zusammenhang mit der Errichtung der für den Gottesdienst der Syrisch-Orthodoxen wichtigen Altarwand nach Osten verschoben. Das Schwesternschiff wird nun als Gemeindesaal genutzt, die Unterkirche als Jugendraum. Das Patrozinium der „Schmerzhaften Mutter Maria" wurde in „Sankt Petrus und Paulus" geändert.

Das Äußere mit dem großen Zeltdach der Kirche
und den drei kleineren Zeltdächern über dem Schwesternchor

Freie Evangelische Gemeinde

1965–66

Außenansicht mit dem Kreuz im Giebel und den versetzt angeordneten Fenstern

Die im Jahre 1840 gegründete „Vereinigung für Ausbreitung des Evangeliums in Köln und Umgebung" mit dem Ziel des persönlichen Bibellesens nutzte in der Folge unterschiedliche Versammlungsräume in der Kölner Innenstadt und nannte sich schließlich Freie Evangelische Gemeinde. Erst nach dem Zweiten Weltkrieg konnte sie ein eigenes Grundstück (in Lindenthal) erwerben. Dort wurde zunächst eine kleine, von Schweden gespendete Holzkapelle errichtet. An ihrer Stelle baute Peter Graebner 1964–1966 das Gemeindehaus. Der schlichte Rechteckbau mit Satteldach wendet seine Giebelfassade der Max-Reger-Straße zu. Durch das große Kreuz in dem hochrechteckigen Fenster ist er als Sakralbau gekennzeichnet. Die Fassade an der Clarenbachstraße gliedern Lisenen zwischen den hohen, versetzt angeordneten Fenstern.

Der Gottesdienstraum im ersten Obergeschoss hat eine geschwungene Holzdecke, die ursprünglich dunkel gefasst war, sowie eine ebenso gestaltete hölzerne Wandverkleidung an der Altarseite – vielleicht eine Bezugnahme auf die Holzkapelle. 1993/94 schuf die Innenarchitektin Monika Lepel die aufhellende Neugestaltung des Inneren, zu der auch neue ornamentierte Farbfenster gehören.

Der schlichte Innenraum

16

Christi Auferstehung

1967–70 | Gottfried Böhm

Für die 1920 neu eingerichtete katholische Pfarre in Lindenthal-Melaten erbaute der Düsseldorfer Architekt Franz Schneider (1877–1948) 1934–36 eine Kirche in jenen traditionellen Formen, wie sie in diesem Jahrzehnt ganz allgemein üblich waren. Zunächst war nur das Langhaus mit dem polygonalen, von einer zwölfeckigen Kuppel bekrönten Chor entstanden. Die Kirche war in ihrer Erscheinung ein mit Werksteingliederungen geschmückter Putzbau, dem man die im Kern vorhandene moderne Stahlskelett-Konstruktion nicht ansah. Eine geplante Doppelturmfassade, deren Wirkung in traditioneller Weise als *point de vue* am Ende des Kanals an der Clarenbachstraße auf die Universitätsstraße und den Aachener Weiher bezogen war, wurde nicht mehr ausgeführt. 1944 beschädigte ein Bombenangriff den Bau, den man nach dem Krieg für den Gottesdienst wiederherstellen konnte. 1967 aber förderten statische Mängel seinen Abbruch und den Neubau durch Gottfried Böhm, der 1968–70 entstand und 1971 geweiht wurde.

Der Vorgängerbau von 1934–36, dessen Türme nicht mehr ausgeführt wurden

Gerade bei dieser Kirche ist zur Beurteilung und Würdigung die Kenntnis wichtig, dass Gottfried Böhm nicht nur Architektur studiert hat, sondern auch eine Ausbildung zum Bildhauer absolvierte. Zusätzlich ist seine Berücksichtigung städtebaulicher Fragen, die er nicht zuletzt als einen wesentlichen Inhalt seiner Lehrtätigkeit an der Technischen Hochschule Aachen ansah, auch bei dieser Planung zu spüren.

Die Kirche Christi Auferstehung ist im Schaffen von Gottfried Böhm,

Der Außenbau als sich auftürmende Gottesburg aus Beton und Backstein

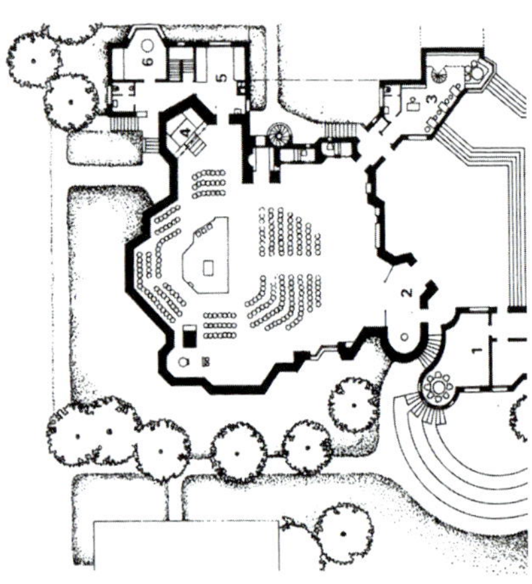

Grundriss

das in den 1960er-Jahren geprägt ist vom Typ der „Betonburgen", ein besonderer Höhepunkt, der sich direkt an die gewaltige Dimension der im Stil vergleichbaren Wallfahrtskirche in Neviges bei Velbert (1964–68) anschließt. Böhm selbst sagte zu dem Kölner Bau: „Die Auferstehungskirche in Köln-Melaten bildet wohl den Abschluß meiner Bauten, die den Ausdruck der architektonischen Plastik sehr in den Vordergrund stellen. Eine lange Wasserstraße führt zum Kirchplatz: eine sehr schöne Situation mit dem Wasser und den hohen Bäumen auf beiden Seiten, die den Eingangsbereich der Kirche rahmen. Im Innern sind es tragende Betonsäulen, die sich wie Bäume nach oben verzweigen und immer dichter schließlich zur Decke werden. Die Zwischenfelder sind ausgemauert. Für die Fenster haben wir Kunststoffplatten mit Nägeln musterartig belegt und mit verschiedenfarbigem Kunststoff eingegossen. So entstanden starke Kunststoffplatten, die ein ganz eigenartiges Licht geben."

Der höhlenartige Eindruck, der bewußt jene Geborgenheit vermittelt, wie sie auch Le Corbusiers Wallfahrtskirche in Ronchamps besitzt, wird durch die kristallin gebrochenen Formen des Sichtbetons, der hier mit dem Backstein kombiniert ist, noch unterstrichen. Im Äußeren ist der plastisch durchformte Zentralbau in seinen überaus expressiven Formen charakterisiert von der Verschmelzung des Kirchenbaus mit dem Turmbau. Die Kombination des kühlen Graus des Sichtbetons mit dem warmen Ton der Backsteine bestimmt vor allem den Außenbau und in sehr pointierter Weise auch den Innenraum, der allerdings in erster Linie von der überaus prägnanten Decke geprägt wird. Dieses „Gewölbe" aus Beton ist vermutlich das Beste, was jemals aus diesem Werkstoff gefertigt wurde, der in den so zahlreich vertretenen Händen wenig begabter Bauunternehmer zum Inbegriff des Niedergangs unserer Baukultur wurde. Christi Auferstehung zeigt, welche Möglichkeiten ein begnadeter Baumeister dabei wahrnehmen konnte.

Der Innenraum mit den markanten Beton-„Gewölben"

⓮ Matthäuskirche

1975–77 | Peter Busmann und Godfrid Haberer

Nach dem Zweiten Weltkrieg vermehrte sich die Zahl der Evangelischen auch im Kölner Stadtteil Lindenthal. Darüber hinaus wuchs die Universität so stark, dass sich bereits in den 1960er-Jahren zusätzlich zur Paul-Gerhardt-Kirche ein zweites Gemeindezentrum entwickelte. Nachdem sich das Presbyterium 1965 für einen Gemeindebau mit integriertem Bet- und Gemeindesaal ausgesprochen hatte, wurde 1970 ein Architekten-Wettbewerb für das vorhandene Grundstück an der Ecke Dürener- und Herbert-Lewin-Straße ausgelobt. Preisträger waren Peter Busmann und Godfrid Haberer (Busmann + Haberer), die den Bau 1975–77 errichteten. 1975 gewannen die beiden Architekten auch den Wettbewerb für den Neubau von Wallraf-Richartz-Museum, Museum Ludwig und Philharmonie östlich des Domes.

Der aus mehreren Kuben zusammengesetzte Baukörper des evangelischen Gemeindezentrums, dessen

Das Innere mit der indirekten Beleuchtung des Altares

Das in mehrere Kuben gegliederte Gemeindezentrum

zeitgemäßes Erscheinungsbild geprägt ist von dunklen Fassaden und rot gestrichenen Fenstern, hat an der vortretenden Ecke den betont ausgeschiedenen Bau des Bet- und Gemeindesaales, die beide nach Bedarf auch zu einem größeren Raum zusammengefasst werden können. Im Inneren ist der Betsaal durch indirektes Licht über dem Altar und den weiteren Prinzipalstücken klar als Sakralraum ausgezeichnet. Die seitliche Betonung durch schmale Betonwände dient gleichfalls der Zielführung hin auf den Altar. Den Taufstein schuf der Münchner Bildhauer Werner Mally, von dem auch das seitlich aufgehängte Triptychon stammt.

⑮ Dietrich-Bonhoeffer-Kirche

1979–80 | Schulze Jöhnssen und Viethen

Als dritter Kirchenbau in Lindenthal entstand 1979/80 nach Paul-Gerhardt- und Matthäuskirche der kleine Zentralbau beim Decksteiner Altenheim, benannt nach dem 1945 ermordeten Widerstandskämpfer Dietrich Bonhoeffer. Planung und Ausführung lagen bei dem Architekturbüro Schulze Jöhnssen und Viethen (heute JRL Architekten). Der schlichte Fünfeckbau besticht äußerlich durch die weißen Wände und das bekrönende Zeltdach, das sich über einer verschieferten Attika erhebt.

Das Innere ist geprägt durch den in die Raumspitze gesetzten Altarbereich und das umlaufende Fensterband, das der Künstler Fritz H. Lauten mit dem Thema der Schöpfungsgeschichte bis zum Ende der Sintflut mit dem versöhnenden Regenbogen gestaltete, deren Ausgangspunkt in der Ecke über dem Altar liegt und die dort auch wieder endet. Der ursprünglich durch Hell-Dunkel-Kontraste wirkende Innenraum wurde bei der 2016 von Architektin Dörte Moll durchgeführten Renovierung einheitlich hell gestrichen und mit neuen Prinzipalstücken von Till Hausmann gestaltet, wobei das Kreuz und die ursprüngliche Taufschale von Thaddäus Schröder (Abb. 4. Umschlagseite) beibehalten wurden. Zwei seinerzeit bereits gestiftete Barockengel vervollständigen das Ensemble. Die Orgel schuf Willi Peter. Die überaus stimmungsvolle kleine Kirche in ländlicher Umgebung wird, neben ihrer Aufgabe als sakrales Angebot für das Altenheim, auch besonders gerne für Hochzeiten und Taufen genutzt.

Außenansicht mit dem Zeltdach

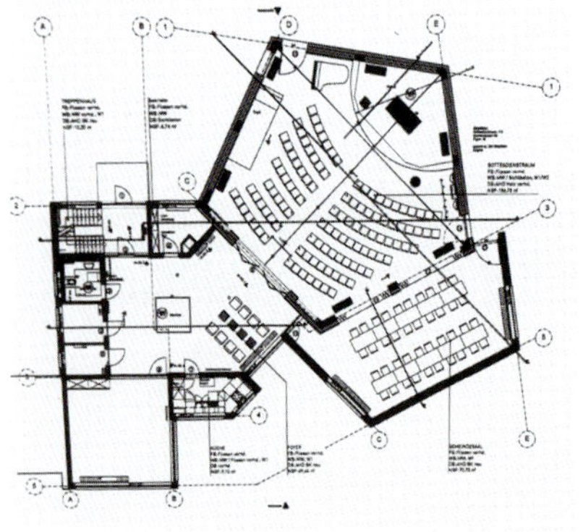

Grundriss

Das originale Innere mit der prägnanten Hell-Dunkel-Farbgebung und den farbstarken Fenstern von Fritz H. Lauten

Neugestaltung des Inneren 2016 durch Dörte Moll

⑯ Evangelische Universitätskapelle

Umbau 1998 | Manfred von Bentheim

der 1957–59 von Walter Mayer eingerichteten Kapelle

In dem 1957–59 von Walter Mayer (1929–88) gebauten evangelischen Studierendenheim war von Anbeginn im Souterrain eine Kapelle mit festem Altar und Farbfenstern von Otto Gerster integriert. 1998 wurde sie durch Manfred von Bentheim verkleinert. Auf Anregung der Pfarrerin Julia Strecker und des Pfarrers Stephan Schmidtlein gestaltete man damals einen Boden mit angeschüttetem Sand, um „einen Ort zu kreieren, der eine spirituelle und meditative Ausstrahlung hat. Und in dem es gut ist, auch in Stille zu sein." An die Stelle des festen Altars traten mobile Objekte, an denen aber immer, wie im evangelischen Sakralbereich unerlässlich, eine aufgeschlagene Bibel zu finden ist. Um 2020 ersetzte man den feinen Quarzsand mit gröberem Sand und ergänzte den Boden im Eingangsbereich durch Holzpaletten. Der Sandboden ist der Bedeutung der Wüste in der Bibel verpflichtet und wird dementsprechend liturgisch interpretiert.

Der Innenraum mit dem Sandboden und Farbfenster von Otto Gerster

Würdigung

Köln ist eine Stadt der Superlative mit den meisten romanischen Kirchen, dem größten gotischen Dom, den Mauern und Türmen aus 2000 Jahren Verteidigungsanlagen (vom Römerturm bis zu den Bunkern), dem größten innerstädtischen Grünsystem mit den Inneren und Äußeren Grüngürteln – und mit etwa 180 modernen Sakralbauten aus den letzten 100 Jahren, was bisher in Köln noch nicht entsprechend wahrgenommen wird. Um dies zu ändern, wird nun diese Reihe „Moderner Sakralbau in Köln" initiiert. Für jeden Bezirk ist ein Heft vorgesehen, für die Bezirke 3 (Lindenthal) und 9 (Mülheim) werden es wegen der Fülle jeweils zwei Hefte werden.

Der Stadtteil Lindenthal innerhalb des gleichnamigen Stadtbezirkes ist dabei ein besonderer architektonischer Schwerpunkt moderner Sakralbaukunst, bei dem sich die großen deutschen Architekten die Klinke in die Hand gaben: beginnend mit der Krankenhauskirche St. Elisabeth von Dominikus Böhm über St. Stephan von Joachim und Margot Schürmann, St. Laurentius von Emil Steffann, St. Thomas Morus und der Kirche vom Guten Hirten von Fritz Schaller bis zu Gottfried Böhms Krankenhauskirche St. Johannes der Täufer und schließlich Christi Auferstehung, seinem Höhepunkt einer architektonischen Betonplastik.

Begleitet werden diese einzigartigen katholischen Bauten von den schlichteren evangelischen Beträumen der Paul-Gerhardt-Kirche, der Matthäus- und der Dietrich-Bonhoeffer-Kirche sowie der Hauskapelle der Cellitinnen. Eine Besonderheit stellt die Evangelische Universitätskapelle mit ihrem zur Spiritualität und Meditation einladenden Sandboden dar. Das traditionelle Element der Architektur jener Zeit ist mit St. Albertus Magnus vertreten (oder zeigt sich im unmittelbaren Vorgängerbau von Christi Auferstehung). Gute städtebauliche Einfügungen stellen die Bethäuser der Neuapostolischen Kirche und der Freien Evangelischen Gemeinde dar. Mit der Trauerhalle von Fritz Schaller auf dem Friedhof Melaten ist ein profaner Sakralbau in den ihm gebührenden Kreis aufgenommen.

Literatur

Konrad Adenauer und Volker Gröbe, Lindenthal. Die Entwicklung eines Kölner Vorortes, 3. Aufl. Köln 2004

Konrad Adenauer und Volker Gröbe, Straßen und Plätze in Lindenthal, Köln 1992

Karl Bollenbeck, Neue Kirchen im Erzbistum Köln 1955–1995, 2 Bde. Köln 1995

Georg Dehio, Handbuch der deutschen Kunstdenkmäler, Nordrhein-Westfalen I, Rheinland, München-Berlin 2005 (Bearbeiter Köln v. a. Olaf Giesbertz)

Helmut Fußbroich, Die evangelischen Kirchen, in: Manfred Becker-Huberti, Günter A. Menne (Hrsg.): Kirchen in Köln. Die Kirchen der katholischen und evangelischen Gemeinden in Köln. Bachem, Köln 2004

Helmut Fußbroich, Sakralbauten nach 1900 (Architekturführer Köln), Köln 2005

Helmut Fußbroich mit Fotografien von Celia Körber-Leupold, Evangelische Kirchen in Köln und Umgebung, hrsg. von Günter A. Menne und Christoph Nötzel im Auftrag des Evangelischen Kirchenverbandes Köln und Region, Köln 2007

Emanuel Gebauer, Fritz Schaller. Der Architekt und sein Beitrag zum Sakralbau im 20. Jahrhundert (Stadtspuren 28), Köln 2000

Birgit Kastner, Vom Mittelalter zur Moderne. Die Kirchenbauten von Karl Band in Köln und im Rheinland (Arbeitsheft der rheinischen Denkmalpflege 80), Worms 2013

Hiltrud Kier, Kirchen in Köln, Köln 2000

Hiltrud Kier, Das evangelische Köln. Die Kirchen bis 1939, Köln 2002

Hiltrud Kier, Die kleinen romanischen Kirchen. Führer zur Geschichte und Entwicklung Kölner Vororte, Köln 2015

Hiltrud Kier, Köln (Reclams Städteführer), Stuttgart 3. Aufl. 2018

Hiltrud Kier, Die ehemalige Klosterkirche vom Guten Hirten in Köln-Lindenthal, in: Kirchen-Bau-Kultur. Zur Verabschiedung von Martin Struck, Erzdiözesanbaumeister in Köln, hrsg. von Katherin Bollenbeck, Joachim Oepen und Anna Pawlik, Siegburg 2023, S. 76–93

Carsten Schmalstieg und Monika Schmelzer, Die katholischen Kirchen, in: Manfred Becker-Huberti, Günter A. Menne (Hrsg.): Kirchen in Köln. Die Kirchen der katholischen und evangelischen Gemeinden in Köln. Bachem, Köln 2004

Hiltrud Kier, geb. 1937 in Graz. Studium der Kunstgeschichte, Archäologie und Musikwissenschaft in Wien und Köln. Bei der Stadt Köln bis 1997 Stadtkonservatorin, Generaldirektorin der Museen, Leiterin des Amtes für Bodendenkmalpflege und des Wissenschaftlichen Forschungsreferates. Honorarprofessur für Kunstgeschichte an der Universität Bonn. Zahlreiche Veröffentlichungen.